중국어가 필요한 관광 관련
종사자들의 든든한 활용서

관광중국어
观光汉语 Ⅱ

이현주 · 김숙향 · 최윤서 공저

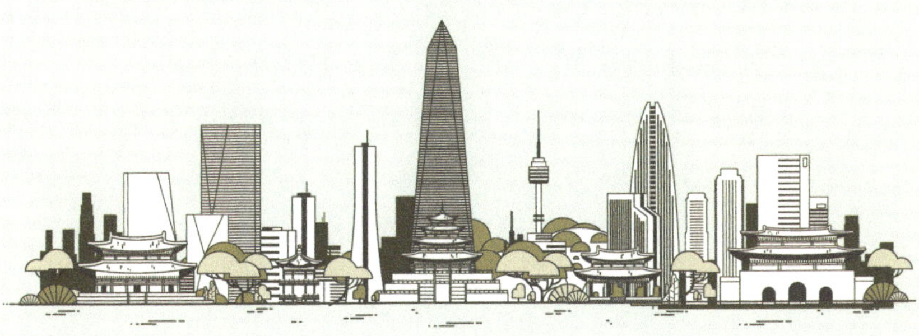

(주)백산출판사

머리말

『관광중국어 Ⅱ』는 관광중국어 Ⅰ에서 배운 중국어를 바탕으로 전문적인 관광실용 중국어회화를 학습함으로써 중국인 관광객과 원활한 소통을 가능하게 하는 고급 회화를 다룬 책입니다.

이 책은 관광중국어 중급&고급 과정으로 수준 높은 회화와 독해 연습, 중국의 역사와 문화, 사적, 유적 등을 살펴보며 중국의 문화와 국민성 등 중국과 관련된 지식과 정보 습득, '한중 비교 체험' 등을 학습할 수 있도록 구성되었습니다.

새 단어, 어법 설명, 작문 연습, 통역 연습, 실력다지기 등 관광실용 중국어회화를 학습하고 중국어 독해 연습, 회화에 나온 중요한 표현 및 어법 설명, 실전 상황에 순발력 있게 대처할 수 있는 능력 등을 키움으로써 중국어 관광통역 업무를 전문적으로 수행할 수 있는 자질을 찾아내고 키울 수 있는 훌륭한 지침서가 될 것입니다.

- GCD(Get up, Cheer up, Dream up) 교육 과정에 맞춰 한 학기에 한 권의 책을 마무리할 수 있는 분량과 난이도
- 실제 관광 분야에서 발생할 수 있는 상황이 반영된 주차별 구성
- 현장감 있는 회화 본문 제공
- 중국어 중급자&고급자에게 적합한 내용으로 구성

현장 경험과 교육 경험이 풍부한 저자들의 경험을 고스란히 담아 현장에서 바로 활용될 수 있는 관광실무 중국어회화로 구성!

전 구성에 걸쳐 관광현장의 다양한 상황에서 사용되는 중국어 표현들로 최적화하였습니다. 본 책이 중국인 관광객 응대에 유용한 지침을 줄 수 있길 기원합니다.

마지막으로 교육의 품질 향상에 바른 지침을 제시해 주시는 서재실 학장님과 본 책에 담아낼 관광 중국어 연구와 작업에 함께 해 주신 김숙향 교수님, 최윤서 교수님께 감사드립니다. 그리고 다방면으로 도움을 주신 모든 분들께 다시 한번 감사의 말씀을 드립니다. 고맙습니다.

이현주

중국어 기초

01

01 중국어 기초

1 명칭

(1) 중국어는 한자(간체자, 简体字)와 발음(한어병음, 汉语拼音)으로 구성된다. 간체자는 글자를 간단하게 표기한 것으로, 중국에서만 사용한다. 한어병음은 알파벳을 이용한 표기법을 말한다.

(2) 한어병음은 성모+운모+성조로 이루어진다.

[성모]

b	p	m	
			f
d	t	n	l
g	k	h	
j	q	x	
z	c	s	
zh	ch	sh	r

[운모]

a	e	o	i
u	ü	n	ng

[성조]

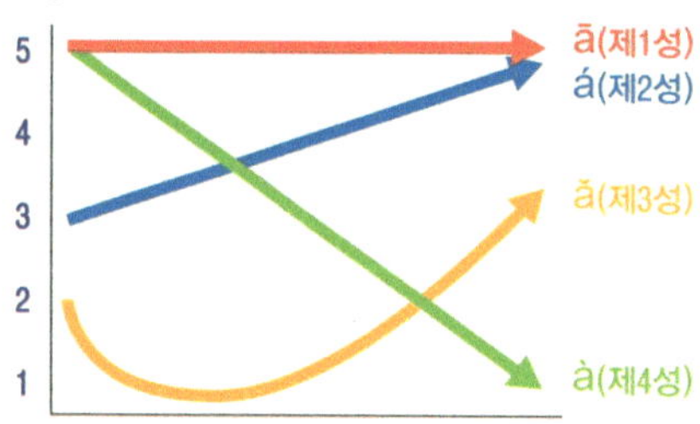

② 성조의 변화

(1) 3성의 변화

3성 + 3성 → (발음 시) 2성 + 3성

3성 + 1, 2, 4, 경성 → (발음 시) 반3성 + 1, 2, 4, 경성

(2) 不의 변화

不 bù는 뒤에 4성의 발음이 나오면 2성으로 발음한다.

(3) 一의 변화

一 yī가 원래의 성조로 발음하는 경우는 단독으로 읽거나 서수로 쓰이거나 문장의 맨 마지막에 올 때이다.

一 yī는 뒤에 1, 2, 3성의 발음이 나오면 4성으로 발음한다.

一 yī는 뒤에 4성 혹은 경성의 발음이 나오면 2성으로 발음한다.

③ 성조 표기의 규칙

(1) 성조는 기본적으로 운모 위에 표기한다.

(2) 복운모일 경우는 다음의 순서를 따른다.
a 〉 o, e 〉 i, u

(3) i와 u가 함께 나오면 뒤에 오는 운모에 표기한다.

(4) i위에 성조를 표시할 경우 윗 점을 생략한다.

항공

这里有登机牌。

여기 탑승권이 있습니다.

02

02 这里有登机牌。
여기 탑승권이 있습니다

1 새단어 生词

1. 早上/ 早上好	zǎoshang/ zǎoshang hǎo	아침/ 안녕하세요(아침인사)
2. 欢迎	huānyíng	환영하다
3. 登机	dēngjī	(비행기에) 탑승하다.
4. 登机牌	dēngjīpái	탑승권
5. 座位	zuòwèi	자리
6. 请	qǐng	요청하다(상대방에게 어떤 일을 부탁하거나 권할 때 쓰는 경어)
7. 这边	zhèbiān	여기. 이쪽
8. 飞机	fēijī	비행기
9. 什么时候	shénmeshíhou	언제

10.	起飞	qǐfēi	(비행기가) 이륙하다. 날아오르다.
11.	马上	mǎshàng	곧
12.	报纸	bàozhǐ	신문
13.	英文	Yīngwén	영어
14.	或者	huòzhě	혹은
15.	中文	Zhōngwén	중국어
16.	韩文	Hánwén	한국어
17.	拿来	nálai	가져오다
18.	没问题	méi wèntí	문제없다

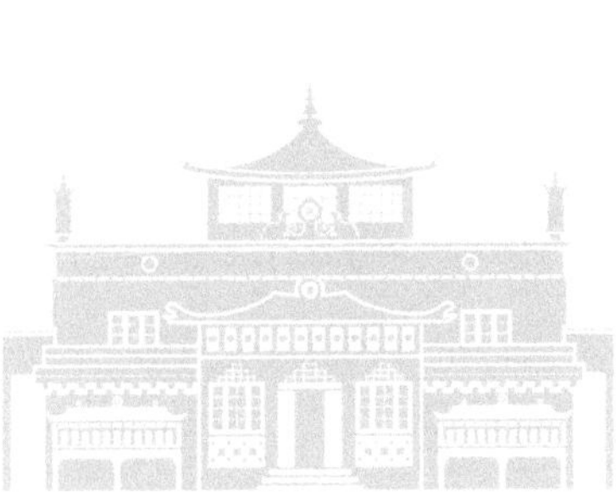

❷ 회화 会话

乘务员: 早上好。欢迎登机。

Zǎoshang hǎo. Huānyíng dēngjī.

乘　客: 早上好。

Zǎoshang hǎo.

乘务员: 能给我看一下您的登机牌吗？

Néng gěi wǒ kàn yíxià nín de dēngjīpái ma?

乘　客: 给你。

Gěi nǐ.

乘务员: 您的座位是38D。请这边走。

Nín de zuòwèi shì sānshíbā D. Qǐng zhèbiān zǒu.

乘　客: 谢谢。飞机什么时候起飞？

Xièxie. Fēijī shénme shíhou qǐfēi?

乘务员: 马上就要起飞了。

Mǎshàng jiù yào qǐfēi le.

乘　客: 有没有今天的报纸？

Yǒu méiyǒu jīntiān de bàozhǐ?

乘务员: 有，您要英文的吗？

Yǒu, nín yào Yīngwén de ma?

乘　客: 我要韩文或者中文的报纸。

Wǒ yào Hánwén huòzhě Zhōngwén de bàozhǐ.

乘务员: 没问题，我马上把它拿来给您，请您先坐好。

Méi wèntí, wǒ mǎshàng bǎ tā nálai gěi nín, qǐng nín xiān zuòhǎo.

③ 통역 연습 翻译

승무원: 안녕하세요. 탑승을 환영합니다.

탑승객: 안녕하세요.

승무원: 탑승권을 보여주시겠습니까?

탑승객: 여기 있습니다.

승무원: 손님의 좌석은 38D입니다. 이쪽으로 가시면 됩니다.

탑승객: 고맙습니다. 비행기는 언제 이륙하지요?

승무원: 곧 이륙할 예정입니다.

탑승객: 오늘 신문 있나요?

승무원: 있습니다. 영자 신문으로 드릴까요?

탑승객: 한국어나 중국어 신문으로 주세요.

승무원: 알겠습니다. 곧 가져다드릴 테니 먼저 앉아 주세요.

4 어휘해설 词汇说明

欢迎

欢迎은 '환영한다'는 뜻이다. 본문에서는 비행기에 탑승하는 승객들을 환영한다는 의미로 탑승을 뜻하는 登机와 함께 사용하였다. 보통 중국에서 상점이나 식당에 들어가면 '어서오세요'라는 의미로 '欢迎光临 Huānyíng guānglín'이라고 인사한다. '또 오세요'는 '欢迎再来 Huānyíng zàilái'라고 한다.

请

请은 상대방으로 하여금 어떠한 행동을 하게끔 '요청한다'는 뜻이다. 길을 묻거나 질문이 있으면 동사 '묻다 问'를 붙여 '请问' 또는 '请问一下'이라고 한다. 또한 '한턱낸다'는 뜻의 '请客'는 원래 손님으로 초청한다는 뜻이다.

5 어법 설명 语法

马上就要起飞了。

'就要…了'는 곧 발생할 미래의 어떤 상황을 나타낸다. 비슷한 형식으로 '就…了', '快要…了', '要…了'도 '곧~할 것이다'라는 뜻이다.

예 快八点了， 就要上课了。

我马上把它拿来给您 。

把자문은 '把' 뒤의 목적어를 동사 앞으로 이동시켜 강조하는 기능을 한다. 把자문에 사용되는 동사는 대부분 처치성이 강한 경향이 있으므로, 처치성이 약한 '是, 在, 有, 知道, 看见' 등의 동사는 把자문에 쓸 수 없다.

예 我把美元换成人民币。

6 단어 쓰기 연습

欢迎 huānyíng				
登机 dēngjī				
座位 zuòwèi				
报纸 bàozhǐ				
韩文 Hánwén				
起飞 qǐfēi				
今天 jīntiān				
这边 zhèbiān				
英文 Yīngwén				
马上 mǎshàng				

단어를 자유롭게 연습해 보세요.

7 작문 연습

다음 문장을 중국어로 작문해보세요.

1. 탑승을 환영합니다.

⇨

2. 탑승권을 보여주시겠습니까?

⇨

3. 비행기는 언제 이륙하지요?

⇨

4. 오늘 신문 있나요?

⇨

5. 한국어나 중국어 신문으로 주세요.

⇨

8 번역 연습

다음 문장을 한국어로 번역해보세요.

1. 您的座位是38D。

⇨

2. 马上就要起飞了。

⇨

3. 请这边走。

⇨

4. 您要英文的吗？

⇨

5. 没问题，我马上把它拿来给您，请您先坐好。

⇨

9 실전 연습

다음 빈칸에 들어갈 알맞은 것을 고르세요.

A. 或 B. 请 C. 马上 D. 今天

1. 有没有(　　　)的报纸？

2. (　　　)这边走。

3. 我要韩文(　　　)者中文的报纸。

아래 단어를 사전에서 찾아 병음과 뜻을 적으세요.

新闻

信息

消息

报纸

다음 중국어 기내 안내방송입니다. 지문을 보고 모르는 단어의 뜻과 발음을 찾고 해석해 보세요.

女士们，先生们：

欢迎您乘坐大韩航空KE777次航班前往浦东国际机场。目前飞机正在***米上空飞行， 飞行时速为**千米。今天的飞行时间为两小时左右， 本次航班预计将在当地时间2021年7月31日上午10点抵达。为了准备起飞，请您系好安全带，收起小桌板，将座椅靠背调直，另外，由于移动电话会干扰导航系统，请您将其关闭，感谢您的合作。

希望您旅途愉快。谢谢！

교통

机场大巴在哪儿坐?

공항버스는 어디서 타나요?

03

03 机场大巴在哪儿坐?
공항버스는 어디서 타나요?

1 새단어 生词

1.	咨询台	zīxúntái	안내 데스크
2.	服务	fúwù	서비스하다
3.	机场大巴	jīchǎng dàbā	공항 리무진 버스
4.	上海大酒店	Shànghǎidàjiǔdiàn	상하이 센트럴 그랜드 호텔
5.	从…到…	cóng…dào…	…부터 …까지
6.	直达车	zhídáchē	직행차
7.	还是	háishi	…하는 편이 (더) 좋다
8.	出租车	chūzūchē	택시
9.	堵	dǔ	막다, 가로막다

10. 的话	dehuà	…라면
11. 大概	dàgài	대략
12. 之内	zhīnèi	…의 안
13. 到达	dàodá	도착하다, 도달하다
14. 往	wǎng	(…로) 향하다
15. 如果	rúguǒ	만일, 만약
16. 手机	shǒujī	휴대전화
17. 下载	xiàzǎi	다운로드, 다운로드 하다
18. 应用程序	yìngyòng chéngxù	응용프로그램
19. 可以	kěyǐ	…할 수 있다
20. 确认	quèrèn	확인, 확인하다
21. 更	gèng	더욱
22. 信息	xìnxī	소식, 뉴스

② 회화 会话

客　人:　这里是咨询台吗？

Zhèli shì zīxúntái ma?

咨询台:　是的，您要什么服务？

Shì de, nín yào shénme fúwù?

客　人:　请问一下，机场大巴在哪儿坐？

Qǐngwèn yíxià, jīchǎng dàbā zài nǎr zuò?

我想去上海大酒店。

Wǒ xiǎng qù Shànghǎidàjiǔdiàn.

咨询台:　从这里到上海大酒店没有直达车。还是坐出租车去，怎么样？

Cóng zhèli dào Shànghǎidàjiǔdiàn méiyǒu zhídáchē. Háishi zuò chūzūchē qù, zěnmeyàng?

客　人:　坐出租车需要多长时间？

Zuò chūzūchē xūyào duōcháng shíjiān?

咨询台: 不堵的话，大概1个小时之内会到达的.

Bù dǔ de huà, dàgài yí ge xiǎoshí zhīnèi huì dàodá de.

客　人: 那么，在哪里坐出租车呢？

Nàme, zài nǎli zuò chūzūchē ne?

咨询台: 一直往前走，就会看到的。

Yìzhí wǎng qián zǒu, jiù huì kàn dào de.

如果你从手机上下载机场应用程序，　就可以确认更多的信息。

Rúguǒ nǐ cóng shǒujī shàng xiàzǎi jīchǎng yìngyòng chéngxù, jiù kěyǐ quèrèn gèng duō de xìnxī.

3 통역 연습 翻译

손 님: 여기가 안내데스크인가요?

안내데스크: 맞습니다. 무엇을 도와드릴까요?

손 님: 문의 좀 할게요. 공항버스는 어디서 타나요?

제가 상하이 그랜드 센트럴 호텔에 가려고 해서요.

안내데스크: 여기서 상하이 그랜드 센트럴 호텔까지는 직행이 없습니다. 차라리 택시를 타시는 게 어떠세요?

손 님: 택시를 타면 얼마나 걸리지요?

안내데스크: 차가 안 막히면 대략 한 시간 내로 도착할 거예요.

손 님: 그럼, 택시는 어디서 타나요?

안내데스크: 계속 직진하시면 바로 보이실 거예요.

휴대폰으로 공항 애플리케이션을 다운받으시면 더 많은 정보를 확인해보실 수 있습니다.

④ 어휘해설 词汇说明

服务

서비스를 뜻하는 服务는 호텔, 관광, 서비스업계에서 매우 자주 사용하는 말이다. '무엇을 도와드릴까요?'라는 표현은 '您要什么服务？'라고 하며 서비스 센터를 표현할 때도 중심中心을 더하여 服务中心이라고 한다. 데스크台를 붙여 서비스데스크 혹은 헬프데스크라는 뜻으로 服务台라고 한다.

直达车

중간에 정차하지 않고 곧장(直) 목적지에 도착하는(达) 차(车)를 直达车라고 한다. 중국의 교통수단은 다양하다. 보통 가까운 거리는 자전거 自行车나 오토바이 摩托车, 전동 스쿠터 踏板车를 탄다. 버스 汽车, 기차 火车, 지하철 地铁과 같은 대중교통을 이용할 때는 통합 교통 카드 一卡通를 사용한다.

5 어법 설명 语法

还是坐出租车去，怎么样？

还是는 부사로 '여전히', '~하는 편이 좋다'라는 뜻으로 쓰이고 접속사로 '또는', '아니면'이라는 뜻으로 쓰인다. 접속사로 쓰일 경우 의문문에 쓰여 선택을 나타낸다.

예 还是坐出租车去，怎么样？
　你要坐出租车还是直达车？

我想去上海大酒店。

조동사는 동사를 돕는 역할을 한다. 想이 조동사로 쓰일 경우 '~하고 싶다'는 소망이나 바람을 나타낸다.

예 我想问一下。我不想看电影。

6 단어 쓰기 연습

下载 xiàzǎi				
直达车 zhídáchē				
信息 xìnxī				
确认 quèrèn				
大概 dàgài				
咨询台 zīxúntái				
服务 fúwù				
到达 dàodá				
下载 xiàzǎi				
酒店 jiǔdiàn				

단어를 자유롭게 연습해 보세요.

7 작문 연습

다음 문장을 중국어로 작문해보세요.

1. 무엇을 도와드릴까요?

⇨

2. 제가 상하이 그랜드 센트럴 호텔에 가려고 해서요.

⇨

3. 차가 안 막히면 대략 한 시간 내로 도착할 거예요.

⇨

4. 택시를 타면 얼마나 걸리지요?

⇨

5. 휴대폰으로 공항 애플리케이션을 다운받으시면 더 많은 정보를 확인해보실 수 있습니다.

⇨

8 번역 연습

다음 문장을 한국어로 번역해보세요.

1. 在哪里坐出租车呢？

⇨

2. 这里是咨询台吗？

⇨

3. 从这里到上海大酒店没有直达车。还是坐出租车去，怎么样？

⇨

4. 请问一下，机场大巴在哪儿坐？

⇨

5. 一直往前走，就会看到的。

⇨

9 실전 연습

다음 빈칸에 들어갈 알맞은 것을 고르세요.

A. 咨询台 B. 请问 C. 之内 D. 服务

1. 您要什么(　　)？

2. 不堵的话，大概1个小时(　　)会到达的.

3. (　　)一下，机场大巴在哪儿坐？

아래 단어를 사전에서 찾아 병음과 뜻을 적으세요.

上载

下载

上课

下课

⑩ GCD: Get up! Cheer up! Dream up!

교통수단과 관련된 중국어 용어를 정리해보세요.

하늘

바다

육지

호텔

您想入住吗?

체크인 하시겠습니까?

04

04 您想入住吗？
체크인 하시겠습니까?

1 새단어 生词

1. 下午	xiàwǔ	오후
2. 入住	rùzhù	체크인
3. 预订	yùdìng	예약하다
4. 双人间	shuāngrénjiān	2인실
5. 先生	xiānsheng	씨(성인 남자에 대한 존칭)
6. 护照	hùzhào	여권
7. 稍等	shāo děng	잠깐 기다리다
8. 查	chá	검사하다
9. 含	hán	포함하다

10. 早餐 zǎocān 조식

11. 房间 fángjiān 방, 룸

12. 乘 chéng 타다

13. 电梯 diàntī 엘리베이터

14. 层 céng 층

15. 行政酒廊 xíngzhèng jiǔláng 호텔 라운지

16. 晚上 wǎnshang 저녁, 밤

17. 随时 suíshí 언제나, 아무 때나

② 회화 会话

服务员: 下午好！欢迎光临！您想入住吗？

Xiàwǔ hǎo! Huānyíng guānglín! Nín xiǎng rùzhù ma?

客　人: 我三天前预订了一个双人间，我叫金秀贤。

Wǒ sān tiān qián yùdìng le yí ge shuāngrénjiān, wǒ jiào Jīn Xiùxián.

服务员: 好的。金先生，请给我您的护照。

Hǎo de. Jīn xiānsheng, qǐng gěi wǒ nín de hùzhào.

客　人: 这给你。

Zhè gěi nǐ.

服务员: 谢谢！金先生，请稍等。（查后）

Xièxie! Jīn xiānsheng, qǐng shāo děng.(Chá hòu)

您预订了含早餐的双人间，对吗？

Nín yùdìng le hán zǎocān de shuāngrénjiān, duì ma?

客　人: 对的。

Duì de.

服务员： 您的房间是8903，请乘电梯上去。

Nín de fángjiān shì 8903, qǐng chéng diàntī shàngqu.

客　人： 早餐在哪儿吃呢？

Zǎocān zài nǎr chī ne?

服务员： 您可以用15层的行政酒廊。

Nín kěyǐ yòng 15 céng de xíngzhèng jiǔláng.

那里从早上7点到晚上10点，随时都可以用。

Nàli cóng zǎoshang 7 diǎn dào wǎnshang 10 diǎn, suíshí dōu kěyǐ yòng.

③ 통역 연습 翻译

직원: 안녕하세요! 환영합니다. 체크인 하시겠습니까?

손님: 네, 사흘 전에 제가 2인실을 예약했습니다. 김수현이라고 합니다.

직원: 네, 김선생님, 여권을 주십시오.

손님: 여기에 있습니다.

직원: 감사합니다. 김선생님, 잠시만 기다려주세요. (찾아본 뒤) 손님께서 예약하신 방은 조식이 포함된 2인실인데, 맞습니까?

손님: 맞습니다.

직원: 손님의 룸은 8903입니다. 엘리베이터를 타고 올라가세요.
조식은 어디서 먹나요?

직원: 15층의 클럽 라운지를 이용하실 수 있습니다. 오전 7시부터 저녁 10시까지 언제든지 이용하실 수 있습니다.

④ 어휘해설 词汇说明

入住

호텔에서 투숙을 하기 위해 처리하는 과정을 체크인이라고 한다. 入住는 들어가(入) 묵다(住)라는 뜻이다. 체크인의 반대말, 체크 아웃은 退房 tuìfáng이라고 한다. 묵었던 방(房)을 반환한다(退)는 뜻이다.

双人间

호텔마다 다양한 형태의 객실을 제공한다. 기본적으로 1인실과 2인실로 나눌 수 있고, 방의 크기와 구조에 따라 일반실에서 특실까지 다양하다. 또한 룸에서 보는 경관에 따라서 달라지기도 한다.

1인실	单人间	dānrénjiān
2인실	双人间	shuāngrénjiān
스탠다드룸	标准房	biāozhǔnfáng
디럭스룸	豪华房	háohuáfáng
이그제큐티브	行政房	xíngzhèngfáng
슈페리어룸	高级房	gāojífáng
스위트룸	套房	tàofáng

⑤ 어법 설명 语法

请乘电梯上去。

동사 뒤에서 동작의 방향을 보충해주는 것을 방향보어라고 한다. 방향보어는 단순과 복합이 있는데 자세히 살펴보면 다음과 같다.

▶ 단순방향보어

(1) 동사+来/去　　　　(2) 동사+8개 동사

上	下	进	出	回	过	起	开

▶ 복합방향보어 : 동사+8개 동사+来/去

예 走来 걸어오다.
回来 돌아가다.
走下 걸어 내려 오다.
走进 걸어 들어오다.
买回来 사 가지고 돌아오다.
跑出来 뛰어 나오다

6 단어 쓰기 연습

先生 xiānsheng				
护照 hùzhào				
早餐 zǎocān				
双人间 shuāngrénjiān				
预订 yùdìng				
房间 fángjiān				
电梯 diàntī				
哪儿 nǎr				
随时 suíshí				
晚上 wǎnshang				

단어를 자유롭게 연습해 보세요.

⑦ 작문 연습

다음 문장을 중국어로 작문해보세요.

1. 조식은 어디서 먹나요?

⇨

2. 오전 7시부터 저녁 10시까지 언제든지 이용하실 수 있습니다.

⇨

3. 손님은 15층의 클럽 라운지를 이용하실 수 있습니다.

⇨

4. 잠시만 기다려주세요.

⇨

5. 사흘 전에 제가 2인실을 예약했습니다.

⇨

8 번역 연습

다음 문장을 한국어로 번역해보세요.

1. 您想入住吗？

⇨

2. 请给我您的护照。

⇨

3. 您的房间是8903，请乘电梯上去。

⇨

4. 可以用15层的行政酒廊。

⇨

5. 那里从早上7点到晚上10点，随时都可以用。

⇨

9 실전 연습

다음 빈칸에 들어갈 알맞은 것을 고르세요.

A. 想 B. 乘 C. 含 D. 稍

1. 您(　　)入住吗？

2. 您预订了(　　)早餐的双人间，对吗？

3. 请(　　)电梯上去。

아래 단어를 사전에서 찾아 병음과 뜻을 적으세요.

电梯

电脑

电视

电话

电影

⑩ GCD: Get up! Cheer up! Dream up!

호텔마다 고객에게 다양한 형태의 객실을 제공합니다. 다양한 객실 타입을 찾아서 중국어로 바꿔보세요.

호텔 A

호텔 B

호텔 C

여행

东方明珠塔的夜景怎么样?

동방명주의 야경은 어떤가요?

05

05 东方明珠塔的夜景怎么样？
동방명주의 야경은 어떤가요?

1 새단어 生词

1.	第一次	dì yī cì	맨 처음
2.	上海	Shànghǎi	상하이
3.	旅游景点	lǚyóu jǐngdiǎn	관광명소
4.	等等	děngděng	등등
5.	其实	qíshí	사실은
6.	那么	nàme	그렇게
7.	没想到	méi xiǎngdào	생각하지 못했다
8.	既然	jìrán	기왕 이렇게 된 바에야
9.	一定	yídìng	반드시

10. 象征　xiàngzhēng　상징

11. 嘛　ma　뚜렷한 사실을 강조할 때 쓰이는 조사

12. 之一　zhīyī　…중의 하나

13. 没错　méicuò　맞다

14. 夜景　yèjǐng　야경

15. 实在　shízài　정말, 참으로

16. 带　dài　데리다, 인솔하다

17. 晚饭　wǎnfàn　저녁 식사

18. 先…然后…　xiān…ránhòu…　먼저…한 뒤에…한다

② 회화 会话

金秀贤: 我第一次来上海，这儿有什么旅游景点？

Wǒ dì yī cì lái Shànghǎi, zhèr yǒu shéme lǚyóu jǐngdiǎnma?

王菲菲: 上海有豫园、外滩风景区、田子坊、南京路步行街和迪士尼乐园等等，其实太多。

Shànghǎi yǒu Yùyuán, Wàitān fēngjǐngqū, Tiánzifāng, Nánjīnglù bùxíngjiē hé Díshìní lèyuán děngděng, qíshí tài duō.

金秀贤: 哇，我真没想到那么多。

Wā, wǒ zhēn méi xiǎngdào nàme duō.

王菲菲: 既然你来上海，外滩风景区就一定要去看看。

Jìrán nǐ lái Shànghǎi, Wàitān fēngjǐngqū jiù yídìng yào qù kànkan.

那里有东方明珠塔， 你听说过吗？

Nàli yǒu Dōngfāngmíngzhūtǎ, nǐ tīngshuōguo ma?

金秀贤: 那当然，东方明珠塔是上海的象征之一嘛。

Nà dāngrán, Dōngfāngmíngzhūtǎ shì Shànghǎi de xiàngzhēng zhīyī ma.

王菲菲: 没错。大家都去那里看夜景。

Méicuò. Dàjiā dōu qù nàli kàn yèjǐng.

金秀贤: 东方明珠塔的夜景怎么样？

Dōngfāngmíngzhūtǎ de yèjǐng zěnmeyàng?

王菲菲: 实在太美了。 今天晚上我带你去。

Shízài tài měi le. Jīntiān wǎnshàng wǒ dài nǐ qù.

金秀贤: 好，我们先吃晚饭，然后一起去看夜景吧。

Hǎo, wǒmen xiān chī wǎnfàn, ránhòu yìqǐ qù kàn yèjǐng ba.

③ 통역 연습 翻译

김수현: 제가 상하이는 이번이 처음인데, 여기에는 어떤 관광지가 있나요?

왕페이페이: 상하이는 예원, 외탄풍경구, 전자방, 남경로 보행거리, 그리고 디즈니랜드 등 정말 많아요.

김수현: 와, 그렇게 많은 줄은 몰랐네요.

왕페이페이: 상해에 오셨으니 외탄풍경구는 꼭 가보세요.
거기에 동방명주가 있는데 들어보셨나요?

김수현: 당연하죠. 동방명주는 상해의 상징 중 하나잖아요.

왕페이페이: 맞아요. 모두 거기서 야경을 구경해요.

김수현: 동방명주의 야경은 어떤가요?

왕페이페이: 정말 아름답지요.
오늘 저녁에 제가 안내해드릴게요.

김수현: 좋아요. 우리 먼저 저녁을 먹고 함께 야경을 보러 가요.

4 어휘해설 词汇说明

没错

错는 형용사로 '나쁘다'는 뜻과 '틀리다'는 뜻이 있다. 부정사 没와 함께 쓰일 경우, 没错 틀림이 없다, 즉 맞다(对)는 뜻이다. 부정사 不와 함께 쓰일 경우, 不错 좋다(好)는 뜻이다.

豫园，外滩风景区，田子坊，南京路步行街，迪士尼乐园，东方明珠塔

豫园은 상하이에 위치한 정원이다. 명청시기 한 관료가 부모님의 노후를 위해 지은 것이다. 外滩风景区는 상하이의 대표적인 관광지로, 강변 산책로이다. 田子坊은 상하이의 예술 골목으로, 상하이 전통 주택을 그대로 보존하고 내부만 리모델링하여 예술가들의 작업실로 활용한 곳이다. 南京路步行街는 와이탄으로 이어지는 쇼핑 거리이다. 차가 다니지 않아 步行街라고 한다. 迪士尼乐园는 디즈니랜드로, 2016년에 만들어졌다. 东方明珠塔는 원래 방송 관제탑이었다. 상하이에서 손에 꼽히는 높이의 타워이며 상하이를 대표하는 랜드마크라고 할 수 있다.

5 어법 설명 语法

既然你来上海，外滩风景区就一定要去看看。

(1) 既然A 就B는 '기왕 A한 이상 B하다' 혹은 'A 된 바에야 B하다'라는 의미이다. A는 이미 성립이 된 사실이나 확실한 전제조건을 말하며 B는 그 전제조건에 대한 결론을 나타낸다.

예 既然你要走，就快走吧。

(2) 看看은 동사 看을 중첩한 형식이다. '…해보다'와 같은 시도의 의미나, '잠깐…하다'와 같은 짧은 시간 동안의 동작이나 행위를 나타낸다. 명령문에 쓰인 동사 중첩 형식은 가벼운 어기를 전달한다. 다른 형식으로 중첩한 동사 사이에 '一'를 넣거나 중첩한 동사 뒤에 '看'을 넣기도 한다.

예 这个面包，你尝尝。 我想试试看。
我一定要看一看。

6 단어 쓰기 연습

既然 jìrán				
象征 xiàngzhēng				
夜景 yèjǐng				
实在 shízài				
晚饭 wǎnfàn				
等等 děngděng				
旅游 lǚyóu				
景点 jǐngdiǎn				
没错 méicuò				
带 dài				

단어를 자유롭게 연습해 보세요.

7 작문 연습

다음 문장을 중국어로 작문해보세요.

1. 오늘 저녁에 제가 안내해드릴게요.

⇨

2. 모두 거기서 야경을 구경해요.

⇨

3. 정말 아름답지요.

⇨

4. 와, 그렇게 많은 줄은 몰랐네요.

⇨

5. 제가 상하이는 이번이 처음이에요.

⇨

8 번역 연습

다음 문장을 한국어로 번역해보세요.

1. 这儿有什么旅游景点吗？

⇨

2. 既然你来上海，外滩风景区就一定要去看看。

⇨

3. 那里有东方明珠塔， 你听说过吗？

⇨

4. 东方明珠塔是上海的象征之一嘛。

⇨

5. 我们先吃晚饭，然后一起去看夜景吧。

⇨

9 실전 연습

다음 빈칸에 들어갈 알맞은 것을 고르세요.

A. 那么 B. 有 C. 之一 D. 太

1. 这儿(　　　　)什么旅游景点吗？

2. 我真没想到(　　　　)多。

3. 东方明珠塔是上海的象征(　　　　)嘛。

아래 단어를 사전에서 찾아 병음과 뜻을 적으세요.

实在

其实

确实

⑩ GCD: Get up! Cheer up! Dream up!

조를 정하여 상하이 여행 일정을 만들어보세요.

테마	
차별화	

Day 1

Day 2

Day 3

복습 실력다지기

06

06 복습 실력다지기

1 复习 fùxí 복습

한국어를 중국어로 작문하고, 그 대답을 중국어로 쓰시오.

1. 탑승권을 보여주시겠습니까?

⇨

⇨

2. 비행기는 언제 이륙하지요?

⇨

⇨

3. 오늘 신문 있나요?

⇨

⇨

4. 공항버스는 어디서 타나요?

⇨

⇨

5. 택시를 타면 얼마나 걸리지요?

⇨

⇨

6. 무엇을 도와드릴까요?

⇨

⇨

7. 손님께서 예약하신 방은 조식이 포함된 2인실인데, 맞습니까?

⇨

⇨

8. 조식은 어디서 먹나요?

⇨

⇨

9. 동방명주의 야경은 어떤가요?

⇨

⇨

10. 상하이에는 어떤 관광명소가 있나요?

⇨

⇨

음식

四川料理很辣吗?

사천요리는 많이 매운가요?

07

07 四川料理很辣吗？
사천요리는 많이 매운가요?

1 새단어 生词

1. 菜	cài	요리
2. 四川	Sìchuān	쓰촨. 중국의 성(省) 이름
3. 地区	dìqū	지역
4. 名小吃	míngxiǎochī	유명하고 특색 있는 요리
5. 因为…所以…	yīnwèi…suǒyǐ…	때문에…그래서 하다.
6. 味道	wèidao	맛
7. 比较	bǐjiào	비교적, 비교하다
8. 辣	là	맵다, 매운 맛
9. 最近	zuìjìn	최근

10.	挺	tǐng	매우, 아주
11.	受欢迎	shòu huānyíng	환영을 받다, 인기가 있다
12.	料理	liàolǐ	요리
13.	大多数	dàduōshù	대다수
14.	又	yòu	또
15.	除了…以外，还	chúle…yǐwài,hái	…외에, 또
16.	中餐	zhōngcān	중국요리
17.	分为	fēnwéi	(…으로) 나누다
18.	不仅	bùjǐn	…만은 아니다
19.	菜系	càixì	(각 지방의) 요리 방식·맛 등의 계통
20.	做法	zuòfǎ	(만드는) 법
21.	尝	cháng	맛보다

② 회화 会话

王菲菲: 今天我们吃麻辣烫，怎么样？

Jīntiān wǒmen chī málàtàng, zěnmeyàng?

金秀贤: 麻辣烫？是什么菜？

Málàtàng? Shì shénme cài?

王菲菲: 你不知道吗？麻辣烫是中国四川地区的名小吃。

Nǐ bùzhīdào ma? Málàtàng shì Zhōngguó Sìchuān dìqū de míngxiǎochī.

因为麻辣烫的味道比较辣，所以最近在韩国挺受欢迎的。

Yīnwèi málàtàng de wèidao bǐjiào là, suǒyǐ zuìjìn zài Hánguó tǐng shòu huānyíng de.

金秀贤: 四川料理很辣吗？

Sìchuān liàolǐ hěn là ma?

王菲菲: 是，大多数川菜是又辣又热。

Shì, dàduōshù chuāncài shì yòu là yòu rè.

除了川菜以外， 中餐分为8个菜系， 就是说“八大菜系”。

Chúle chuāncài yǐwài, zhōngcān fēnwéi 8 ge càixì, jiùshì shuō “bādàcàixì”.

金秀贤: 有什么不同？

Yǒu shénme bùtóng?

王菲菲: 每个地方都不一样的味道和做法。

Měi ge dìfang dōu bù yíyàng de wèidao hé zuòfǎ.

金秀贤: 不仅是麻辣烫，八大菜也想尝尝。

Bùjǐn shì málàtàng, bā dà cài yě xiǎng chángchang.

王菲菲: 没问题，从现在开始每天一起去吃吧。

Méi wèntí, cóng xiànzài kāishǐ měitiān yìqǐ qù chī ba.

③ 통역 연습 翻译

왕페이페이: 오늘 우리 마라탕 먹는 거 어때요?

김수현: 마라탕이요? 그게 무슨 요리지요?

왕페이페이: 모르시나요? 마라탕은 중국 사천지역의 유명한 간단요리에요.

마라탕은 좀 매워서 요새 한국에서도 꽤 인기랍니다.

김수현: 사천요리는 많이 매운가요?

왕페이페이: 네, 사천요리는 대체로 맵고 뜨거워요.

사천요리 외에도 중식은 8개의 요리로 나뉘는데, 이름하여 "8대 요리"라고 합니다.

김수현: 무슨 차이가 있나요?

왕페이페이: 각 지역의 요리의 맛과 조리법이 달라요.

김수현: 마라탕뿐만 아니라 8대 요리도 전부 먹어보고 싶네요.

왕페이페이: 문제없어요. 지금부터 매일 하나씩 함께 먹어보아요.

4 어휘해설 词汇说明

辣

辣는 맵다는 뜻이다. 우리가 음식을 먹을 때 느끼는 다섯 가지 맛을 오미 五味 wǔwèi라 한다.

짜다 咸 xián	소금 盐 yán
달다 甜 tián	설탕 糖 táng
맵다 辣 là	고추 辣椒 làjiāo
시다 酸 suān	식초 醋 cù
쓰다 苦 kǔ	커피 咖啡 kāfēi

川菜

사천의 뜻하는 川과 요리를 뜻하는 菜를 합친 말이다. 중국의 8대 요리는 전역을 8개의 지역으로 나누어 지역별 특색을 가진 요리를 말한다. 사천요리인 川菜를 비롯 절강 요리 浙菜, 강소 요리 苏菜, 호남 요리 湘菜, 복건 요리 闽菜, 광동 요리 粤菜, 안휘 요리 徽菜, 산동 요리 鲁菜가 있다.

5 어법 설명 语法

大多数川菜是又辣又热。

'又A又B'는 'A하면서(하고도) B하다'는 뜻이다. 어떤 상황이나 성질이 동시에 존재함을 나타낸다. A와 B는 긍정과 긍정 혹은 부정과 부정의 형식을 사용한다. 즉 긍정과 부정을 함께 사용할 수 없다.

예 我的老师又聪明又漂亮。

没问题，从现在开始每天一起去吃吧。

어기조사 吧는 문장 끝에 쓰여 권유, 제안, 추측을 나타내는 단어이다. '~하자', '~하세요' 등으로 해석할 수 있으며, 의문문에 쓰인 경우 확인을 포함한 질문 '~이지요?'라는 의미로 해석할 수 있다.

예 这是你的书吧？ 我们一起去图书馆吧。

6 단어 쓰기 연습

味道 wèidao				
比较 bǐjiào				
辣 là				
最近 zuìjìn				
除了 chúle				
中餐 zhōngcān				
做法 zuòfǎ				
菜系 càixì				
尝 cháng				
地区 dìqū				

단어를 자유롭게 연습해 보세요.

7 작문 연습

다음 문장을 중국어로 작문해보세요.

1. 사천요리는 많이 매운가요?

⇨

2. 각 지역의 요리의 맛과 조리법이 달라요.

⇨

3. 차이가 있나요?

⇨

4. 지금부터 매일 하나씩 함께 먹어보아요.

⇨

5. 당신은 모르시나요?

⇨

8 번역 연습

다음 문장을 한국어로 번역해보세요.

1. 今天我们吃麻辣烫，怎么样？

⇨

2. 因为麻辣烫的味道比较辣，所以最近在韩国挺受欢迎的。

⇨

3. 除了川菜以外，中餐分还为8个菜系，就是说“八大菜系”

⇨

4. 不仅是麻辣烫，八大菜也想尝尝。

⇨

5. 从现在开始每天一起去吃吧。

⇨

9 실전 연습

다음 빈칸에 들어갈 알맞은 것을 고르세요.

A. 因为，所以 B. 除了，以外

C. 不仅，也　D. 虽然，但是

1. (　　)麻辣烫的味道比较辣，(　　)最近在韩国挺受欢迎的。

2. (　　) 是麻辣烫，八大菜(　　) 想尝尝。

3. (　　)川菜 (　　)，中餐分为8个菜系，就是说“八大菜系”。

아래 단어를 사전에서 찾아 병음과 뜻을 적으세요.

挺

非常

很

最

⑩ GCD: Get up! Cheer up! Dream up!

중국 지도를 그려보고 8대 요리의 위치와 특징을 조사해 적어보세요.

역사

上海有大韩民国临时政府吗?

상하이에 대한민국 임시정부가 있나요?

08

08 上海有大韩民国临时政府吗?
상하이에 대한민국 임시정부가 있나요?

1 새단어 生词

1. 导游 dǎoyóu 가이드
2. 大韩民国 Dàhánmínguó 대한민국
3. 临时政府 línshí zhèngfǔ 임시정부
4. 附近 fùjìn 부근, 근처
5. 离 lí …에서, …로부터
6. 远 yuǎn 멀다
7. 大概 dàgài 대략
8. 分钟 fēnzhōng 분
9. 日本 Rìběn 일본

10.	帝国主义	dìguó zhǔyì	제국주의
11.	强占	qiángzhàn	폭력으로 점유하다
12.	建立	jiànlì	건립하다
13.	此后	cǐhòu	이후
14.	成了	chéngle	되었다
15.	独立	dúlì	독립(하다)
16.	运动	yùndòng	운동
17.	大本营	dàběnyíng	(활동의) 본거지, 근거지
18.	肯定	kěndìng	확실히
19.	值得	zhídé	…할 만한 가치가 있다
20.	景观	jǐngguān	경관
21.	意义	yìyì	뜻, 의미

② 회화 会话

客人: 导游，今天我们去哪儿?

Dǎoyóu, jīntiān wǒmen qù nǎr?

导游: 今天我们要去大韩民国临时政府。

Jīntiān wǒmen yào qù Dàhánmínguó línshí zhèngfǔ.

客人: 上海有大韩民国临时政府吗?

Shànghǎi yǒu Dàhánmínguó línshí zhèngfǔ ma?

导游: 有啊，在新天地附近，就在马当路上。

Yǒua, zài Xīntiāndì fùjìn, jiù zài Mǎdānglù shang.

客人: 离这儿远吗？

Lí zhèr yuǎn ma?

导游: 不太远。大概二十分钟就到了。

Bútài yuǎn. Dàgài èrshí fēnzhōng jiù dào le.

大韩民国临时政府是1919年日本帝国主义强占时期时，在上海建立了。

Dàhánmínguó línshí zhèngfǔ shì 1919 nián Rìběn dìguó zhǔyì qiángzhàn shíqí shí, zài Shànghǎi jiànlì le.

此后，这里就成了独立运动的大本营。

Cǐhòu, zhèli jiù chéngle dúlì yùndòng de dàběnyíng.

客人: 那个地方肯定值得一去。

Nàge dìfang kěndìng zhídé yí qù.

导游: 其实那里没有特别的景观，但很有意义的景点。

Qíshí nà li méiyǒu tèbié de jǐngguān, dàn hěn yǒu yìyì de jǐngdiǎn.

③ 통역 연습 翻译

손님: 가이드님 오늘 우리는 어디를 가나요?

가이드: 오늘은 대한민국 임시정부를 갈 거예요.

손님: 상하이에 대한민국 임시정부가 있나요?

가이드: 네, 신천지 근처 마당로에 있어요.

손님: 여기서 머나요?

가이드: 멀지 않아요. 대략 20분이면 도착해요.

대한민국 임시정부는 1919년 일제강점기 때 상하이에 건립되었어요.

그 후 독립운동의 본거지가 되었지요.

손님: 분명 가 볼 만한 곳이겠네요.

가이드: 사실 특별한 경관이 있는 건 아니지만 의미가 있는 명소지요.

4 어휘해설 词汇说明

1919年

중국어로 연도를 읽을 때는 숫자를 하나씩 읽는다. 가령 1919年은 yī jiǔ yī jiǔ nián, 2000年은 èr líng líng líng nián, 그리고 2021年은 èr líng èr yī 혹은 èr líng èr yāo라고 읽는다. 숫자 1은 숫자가 나열될 때 묻히기 쉬운 발음이기에 yāo라고 읽기도 한다.

大本营

大本营은 전시의 최고 사령부를 뜻하는 말이다. 본문에서는 독립운동의 근거지, 본거지라는 뜻으로 활용되었다. 등산이나 탐험의 '베이스 캠프'라는 뜻으로도 사용한다.

5 어법 설명 语法

大概二十分钟就到了。

大概는 부사로 쓰일 때는 '아마도', '대개는'의 의미이다. 시간이나 수량 등 모든 상황에 대한 추측을 나타낸다. 이와 유사한 단어로 大约는 시간이나 수량에 관한 추측만을 나타낸다.

예 大概需要多长时间？

我大约明天回不来。

离这儿远吗？

개사介词는 명사(구)나 대명사(구) 앞에서 동작이나 상황의 시간, 장소, 대상 등을 나타낸다. 개사는 단독으로 쓰이지 않고 명사와 대명사 등과 함께 개사구의 형태로 쓰인다. 개사 离는 '~로부터'라는 의미로 장소와 함께 쓰인다.

예 你的学校离这儿远吗？

6 단어 쓰기 연습

导游 dǎoyóu				
附近 fùjìn				
强占 qiángzhàn				
此后 cǐhòu				
独立 dúlì				
运动 yùndòng				
意义 yìyì				
景观 jǐngguān				
大本营 dàběnyíng				
肯定 kěndìng				

단어를 자유롭게 연습해 보세요.

7 작문 연습

다음 문장을 중국어로 작문해보세요.

1. 대략 20분이면 도착해요.

⇨

2. 분명 가 볼 만한 곳이겠네요.

⇨

3. 상하이에 대한민국 임시정부가 있나요?

⇨

4. 여기서 머나요?

⇨

5. 사실 특별한 경관이 있는 건 아니지만 의미가 있는 명소지요.

⇨

8 번역 연습

다음 문장을 한국어로 번역해보세요.

1. 大韩民国临时政府是1919年日本帝国主义强占时期时， 在上海建立了。

⇨

2. 那个地方肯定值得一去。

⇨

3. 上海有大韩民国临时政府吗?

⇨

4. 今天我们要去大韩民国临时政府。

⇨

5. 此后，这里成了独立运动的大本营。

⇨

9 실전 연습

다음 단어를 조합하여 완성된 문장을 만드세요.

1. 就 大概 分钟 到了 二十

⇨

2. 独立 就 成了 运动的 这里 大本营

⇨

3. 我们 哪儿? 今天 去

⇨

다음 문장을 순서대로 배열해보세요.

A: 是1919年日本帝国主义强占时期时

B: 在上海建立了

C: 大韩民国临时政府

⇨

⑩ GCD: Get up! Cheer up! Dream up!

✔ 한국을 대표하는 관광지와 유적지를 중국어로 적어보세요.(지역별, 시기별, 성격별, 사건별로 나누어 정리해보세요.)

문화

你常用的网站是什么?

당신은 주로 무슨 웹 사이트를 사용하나요?

09

09 你常用的网站是什么？

당신은 주로 무슨 웹 사이트를 사용하나요?

1 새단어 生词

1. 有空	yǒu kòng	(짬, 겨를)이 있다
2. 电影	diànyǐng	영화
3. 了解	liǎojiě	알다, 이해하다
4. 上网	shàngwǎng	인터넷에 접속하다
5. 搜索	sōusuǒ	자세히 뒤지다
6. 网站	wǎngzhàn	웹 사이트
7. 平时	píngshí	보통 때, 평소
8. 常用	chángyòng	일상적으로 사용하다

9. 不过 búguò 그런데

10. 方便 fāngbiàn 편리하다

11. 而且 érqiě 게다가

12. 聊天软件 liáotiān ruǎnjiàn 메신저

13. …来说 …lái shuō …에 대해 말하자면

14. 像…一样 xiàng…yíyàng …와 같이

15. 免费 miǎnfèi 무료로 하다

16. 叫 jiào (자동차를)부르다

17. 结账 jiézhàng 계산하다

② 회화 会话

金秀贤: 小王，这个星期六晚上有空吗？

Xiǎo wáng, zhè ge xīngqīliù wǎnshang yǒu kòng ma?

王菲菲: 有啊。什么事？

Yǒu a. Shénme shì?

金秀贤: 我想跟你一起去看电影。

Wǒ xiǎng gēn nǐ yìqǐ qù kàn diànyǐng.

王菲菲: 好，可是我不太了解电影，咱们一起上网搜索吧。

Hǎo, kěshì wǒ bútài liǎojiě diànyǐng, zánmen yìqǐ shàngwǎng sōusuǒ ba.

金秀贤: 你常用的网站是什么？

Nǐ chángyòng de wǎngzhàn shì shénme?

我平时常用 Daum, Naver, Google 等等，你呢？

Wǒ píngshí chángyòng Daum, Naver, Google děngděng, nǐ ne?

王菲菲: 我也是，不过在中国百度更方便。

Wǒ yě shì, búguò zài Zhōngguó Bǎidù gèng fāngbiàn.

金秀贤: 是吗？

Shì ma?

王菲菲: 是的，而且对聊天软件来说，QQ微信比较好。

Shì de, érqiě duì liáotiān ruǎnjiàn lái shuō, QQ wēixìn bǐjiào hǎo.

金秀贤: QQ微信？

QQ wēixìn?

王菲菲: 那就是像Kakao talk一样的免费聊天软件。

Nà jiù shì xiàng Kakaotalk yíyàng de miǎnfèi liáotiān ruǎnjiàn.

除了聊天以外，微信还可以叫出租车、结账、买东西等等。

Chúle liáotiān yǐwài, wēixìn hái kěyǐ jiào chūzūchē, jiézhàng, mǎi dōngxī děngděng.

金秀贤: 可真方便呀！

Kě zhēn fāngbiàn ya!

③ 통역 연습 翻译

김수현:	왕양, 이번 주 토요일 저녁에 시간 있나요?
왕페이페이:	있어요. 무슨 일인가요?
김수현:	당신과 함께 영화를 보러 가고 싶어서요.
왕페이페이:	좋아요. 그런데 제가 영화를 잘 몰라요. 우리 함께 인터넷 검색해봐요.
김수현:	좋아요. 당신은 주로 무슨 웹 사이트를 사용하나요?
	저는 평소에 다음, 네이버, 구글 등을 사용해요. 당신은요?
왕페이페이:	저도 그래요. 그런데 중국에서는 바이두가 더욱 편리해요.

김수현: 그런가요?

왕페이페이: 네, 또 채팅 메신저로 보자면 QQ웨이신이 비교적 좋지요.

김수현: QQ웨이신이요?

왕페이페이: 그건 카카오톡 같은 무료 메신저예요.

채팅 외에도 택시를 부르고 결제를 하며 물건을 사는 등의 일을 할 수 있어요.

김수현: 정말 편리하군요.

4 어휘해설 词汇说明

百度，QQ微信

百度는 중국에서 가장 많이 사용하는 검색엔진이고 QQ微信도 가장 사용자가 많은 메신저 프로그램이다. 중국에서 자주 사용하는 인터넷 용어는 다음과 같다.

上网	shàngwǎng	인터넷에 접속하다.
发邮件	fā yóujiàn	이메일을 보내다.
互联网	hùliánwǎng	인터넷
点击	diǎnjī	클릭하다.
注册	zhùcè	회원가입하다.
登录	dēnglù	로그인하다.
退出	tuìchū	로그아웃하다.
用户名	yònghùmíng	아이디
密码	mìmǎ	비밀번호

5 어법 설명 语法

除了聊天以外，微信还可以叫出租车，结账，买东西等等。

除了A以外，还B는 'A뿐만 아니라 B까지 포함한다'는 뜻이다. 还 외에도 也를 사용하기도 하고 以外를 생략하기도 한다.

예 除了你以外，还有两个人来。
除了聊天以外，看电影也是学习外语的好办法。

可真方便呀！

부사 可는 형용사를 강조하는 역할을 한다. 문장 끝에 了와 함께 사용하면 정도를 한층 강하게 하거나 어떤 목적이나 상태에 도달하는 것이 어려웠음을 나타낸다.

예 你吃饭可快！ 找了半天，可把书找到了！

6 단어 쓰기 연습

上网 shàngwǎng				
搜索 sōusuǒ				
聊天 liáotiān				
软件 ruǎnjiàn				
方便 fāngbiàn				
免费 miǎnfèi				
像 xiàng				
结账 jiézhàng				
而且 érqiě				
网站 wǎngzhàn				

단어를 자유롭게 연습해 보세요.

7 작문 연습

다음 문장을 중국어로 작문해보세요.

1. 당신과 함께 영화를 보러 가고 싶어서요.

⇨

2. 우리 함께 인터넷 검색해봐요.

⇨

3. 그건 카카오톡처럼 무료 채팅 프로그램이에요.

⇨

4. 채팅 외에도 택시를 부르고 결제를 하며 물건을 사는 등의 일을 할 수 있어요.

⇨

5. 정말 편리하군요.

⇨

8 번역 연습

다음 문장을 한국어로 번역해보세요.

1. 这个星期六晚有空吗？

⇨

2. 我想跟你一起去看电影。

⇨

3. 你常用的网站是什么？

⇨

4. 那就是像Kakao talk一样的免费聊天软件。

⇨

5. 除了聊天以外，微信还可以叫出租车、结账、买东西等等。

⇨

9 실전 연습

다음 단어를 조합하여 완성된 문장을 만드세요.

1. 有空 这个 晚上 吗？星期六

⇨

2. 想 电影 我 跟你 去看 一起

⇨

3. 常用 的 是 什么？ 网站 你

⇨

다음 문장을 순서대로 배열해보세요.

A: 微信还可以

B: 除了聊天以外

C: 叫出租车、结账、买东西等等

⇨

⑩ GCD: Get up! Cheer up! Dream up!

중국 검색엔진에서 한국의 관광지에 대한 소개를 찾아보세요. 대표 설명을 옮겨 적고 해석해봅니다.

관광지

의료

我想咨询一下。

상담을 받으러 왔어요.

10

10 我想咨询一下。
상담을 받으러 왔어요.

1 새단어 生词

1. 皮肤科	pífūkē	피부과
2. 预约	yùyuē	예약(하다)
3. 外面	wàimiàn	바깥
4. 脸	liǎn	얼굴
5. 黑斑	hēibān	기미
6. 雀斑	quèbān	주근깨
7. 长期	chángqī	장기, 긴 시간
8. 暴露	bàolù	드러내다, 바람에 노출하다
9. 日光	rìguāng	햇빛

10. 医院	yīyuàn	병원
11. 激光技术	jīguāng jìshù	레이저술
12. 一流	yīliú	일류
13. 填	tián	기입하다
14. 就诊卡	jiùzhěnkǎ	진료카드
15. 医生	yīshēng	의사
16. 价格	jiàgé	가격
17. 仔细	zǐxì	꼼꼼하다, 자세하다
18. 检查	jiǎnchá	검사하다
19. 具体	jùtǐ	구체적이다
20. 地址	dìzhǐ	주소
21. 联系方式	liánxì fāngshì	연락처
22. 介绍	jièshào	소개하다

② 회화 会话

职员: 您好！江南皮肤科。您预约了吗？

Nín hǎo! Jiāngnán pífūkē. Nín yùyuē le ma?

客人: 没有，我有些问题想咨询一下。

Méiyǒu, wǒ yǒuxiē wèntí xiǎng zīxún yíxià.

最近我一直在外面工作，脸上长了几个黑斑和雀斑。

Zuìjìn wǒ yìzhí zài wàimiàn gōngzuò, liǎn shàng zhǎng le jǐ ge hēibān hé quèbān.

职员: 长期暴露在日光下，应该会容易长的。

Chángqī bàolù zài rìguāng xià, yīnggāi huì róngyì zhǎng de.

其实，在这些方面我们医院的激光技术是一流的。

Qíshí, zài zhèxiē fāngmiàn wǒmen yīyuàn de jīguāng jìshù shì yìliú de.

客人: 是吗？那现在可以做吗？

Shì ma? Nà xiànzài kěyǐ zuò ma?

职员: 请您先填一下就诊卡，然后让我带你去医生。

Qǐng nín xiān tián yíxià jiùzhěnkǎ, ránhòu ràng wǒ dài nǐ qù yīshēng.

客人: 好。这类手术的价格大概是多少？

Hǎo. Zhè lèi shǒushù de jiàgé dàgài shì duōshao?

职员: 医生仔细检查后，才能告诉您具体的价格。

Yīshēng zǐxì jiǎnchá hòu, cái néng gàosu nín jùtǐ de jiàgé.

客人: 都填好了。

Dōu tián hǎo le.

职员: 这里您的地址和联系方式也要写。还有，您怎么知道我们医院呢?

Zhèli nín de dìzhǐ hé liánxì fāngshì yě yào xiě. Háiyǒu, nín zěnme zhīdào wǒmen yīyuàn ne?

客人: 有一个朋友介绍的。

Yǒu yí ge péngyou jièshào de.

职员: 好。请这边走，看医生吧。

Hǎo. Qǐng zhèbiān zǒu, kàn yīshēng ba.

③ 통역 연습 翻译

직원: 안녕하세요. 강남피부과입니다. 예약하셨나요?

손님: 아뇨. 상담을 좀 받고 싶은데요. 최근에 계속 바깥에서 일했더니 얼굴에 기미와 주근깨가 생겼네요.

직원: 오랫동안 햇볕에 노출되면 쉽게 생길 수 있어요. 사실 그쪽으로 저희 병원의 레이저 수술이 일류랍니다.

손님: 그런가요? 그러면 지금 할 수 있나요?

직원: 먼저 진료카드를 작성해주시면 제가 선생님께 모시겠습니다.

손님: 좋아요. 이런 수술은 가격이 대략 얼마지요?

직원: 의사 선생님이 자세히 진찰하신 뒤에야 구체적인 가격을 말씀드릴 수 있어요.

손님: 모두 작성했습니다.

직원: 여기 주소와 연락처도 적어주세요. 그리고 저희 병원을 어떻게 알고 오신 거지요?

손님: 친구가 소개해주었어요.

직원: 좋습니다. 이쪽으로 오세요. 의사선생님을 만나세요.

4 어휘해설 词汇说明

长

长은 cháng과 zhǎng으로 발음되는 다음사多音词이다. 발음에 따라서 뜻이 달라지기 때문에 사용할 때 주의해야 한다.

cháng: 형용사 길다, 뛰어나다, 쓸데없는 명사 길이, 장점, 장기간 부사 항상, 영원히
zhǎng: 형용사 나이가 많다, 첫째의, 항렬이 높다, 명사 책임자 동사 나다, 생기다, 성장하다, 증가하다

就诊卡

중국에서 병원에서 진찰을 받을 때 자주 사용하는 말은 '진찰을 받다'라는 뜻의 就诊 jiùzhěn이다. 就诊에 카드(卡)를 더해 就诊卡라는 진찰카드가 되었다. 이외에도 门诊 ménzhěn은 진료, 특히 외래진료를 뜻한다.

5 어법 설명 语法

您预约了吗？

조사 了는 동사 뒤나 문장의 끝에 쓰여 동작이나 상태의 완료, 실현을 나타낸다. 또한 상황이 변화하거나 새로운 상황으로 바뀌었음을 뜻하기도 한다.

예 昨天我看了一部小说。
我已经吃饭了。
花都开了。

请您先填一下就诊卡，然后让我带你去医生。

先A, 然后B는 '먼저 A하고 그 다음에 B한다'는 뜻이다. 동작의 선후관계를 나타내는데 A의 동작이 발생한 뒤에 B동작이 연결되어 발생한다는 뜻이다.

예 我们先吃饭，然后去图书馆。

6 단어 쓰기 연습

皮肤科 pífūkē				
预约 yùyuē				
黑斑 hēibān				
雀斑 quèbān				
暴露 bàolù				
医院 yīyuàn				
激光 jīguāng				
技术 jìshù				
检查 jiǎnchá				
地址 dìzhǐ				

단어를 자유롭게 연습해 보세요.

7 작문 연습

다음 문장을 중국어로 작문해보세요.

1. 상담을 좀 받고 싶은데요.

⇨

2. 최근에 계속 외부에서 일했더니 얼굴에 기미와 주근깨가 생겼네요.

⇨

3. 예약하셨나요?

⇨

4. 이쪽으로 오세요. 의사선생님을 만나세요.

⇨

5. 친구 하나가 소개해주었어요.

⇨

8 번역 연습

다음 문장을 한국어로 번역해보세요.

1. 我有些问题想咨询一下。

⇨

2. 其实，在这些方面我们医院的激光技术是一流的。

⇨

3. 请您先填一下就诊卡，然后让我带你去医生。

⇨

4. 医生仔细检查后，才能告诉您具体的价格

⇨

5. 这里您的地址和联系方式也要写。

⇨

9 실전 연습

다음 단어를 조합하여 완성된 문장을 만드세요.

1. 想 我 问题 咨询 有些 一下

⇨

2. 知道 怎么 我们 呢? 医院 您

⇨

3. 类 大概 这 多少？ 价格 手术 的是

⇨

다음 문장을 순서대로 배열해보세요.

A: 几个黑斑和雀斑

B: 脸上长了

C: 最近我一直在外面工作

⇨

⑩ GCD: Get up! Cheer up! Dream up!

다음 우리 몸의 중국어 표현을 적어보세요. 그리고 관련된 병원의 중국어 표현도 적어보세요.

미용

我想做新娘化妆。

신부 화장을 받고 싶어요.

11

11 我想做新娘化妆。
신부 화장을 받고 싶어요.

1 새단어 生词

1. 化妆师	huàzhuāngshī	메이크업 아티스트
2. 新娘	xīnniáng	신부
3. 化妆	huàzhuāng	화장하다
4. 婚礼	hūnlǐ	결혼식
5. 开始	kāishǐ	시작하다
6. 赶快	gǎnkuài	빨리
7. 动手	dòngshǒu	시작하다, 착수하다
8. 风格	fēnggé	스타일
9. 从来	cónglái	지금까지

10. 熟悉	shúxī	충분히 알다
11. 根据	gēnjù	근거하다, 따르다
12. 爱好	àihào	애호하다, 취미, 기호
13. 决定	juédìng	결정하다
14. 看起来	kànqǐlái	보아하니
15. 自然	zìrán	자연스럽다, 내추럴
16. 眼睛	yǎnjīng	눈
17. 颜色	yánsè	색깔
18. 浅粉红色	qiǎnfěnhóngsè	연한 핑크색
19. 深粉色	shēnfěnsè	진한 핑크색
20. 整体	zhěngtǐ	전체
21. 妆容	zhuāngróng	메이크업
22. 眼影	yǎnyǐng	아이섀도
23. 口红	kǒuhóng	립스틱

② 회화 会话

化妆师: 您好！我是化妆师。今天我要给您做新娘化妆。

Nín hǎo! Wǒ shì huàzhuāngshī. Jīntiān wǒ yào gěi nín zuò xīnniáng huàzhuāng.

新　娘: 你好！

Nǐ hǎo!

化妆师: 今天您的婚礼几点开始？

Jīntiān nín de hūnlǐ jǐ diǎn kāishǐ?

新　娘: 晚上5点。

Wǎnshàng 5 diǎn.

化妆师: 好，那我们赶快动手吧。您有喜欢的化妆风格吗?

Hǎo, nà wǒmen gǎnkuài dòngshǒu ba. Nín yǒu xǐhuan de huàzhuāng fēnggé ma?

新　娘: 其实我从来没有化妆过，所以不太熟悉。我得要化妆吗？

Qíshí wǒ cónglái méiyǒu huàzhuāngguo, suǒyǐ bútài shúxī. Wǒ děi yào huàzhuāng ma?

化妆师: 这个根据自己的爱好来决定吧。

Zhè ge gēnjù zìjǐ de àihào lái juédìng ba.

一般新娘来说，化下妆看起来更加漂亮。

Yìbān xīnniáng lái shuō, huà xià zhuāng kànqilai gèng jiā piàoliang.

如果您要的话，我可以给您做自然风格。

Rúguǒ nín yào dehuà, wǒ kěyǐ gěi nín zuò zìrán fēnggé.

新　娘: 好。既然这样开始，就让我的眼睛看起来大一点吧。

Hǎo. Jìrán zhèyàng kāishǐ, jiù ràng wǒ de yǎnjīng kànqilai dà yìdiǎn ba.

化妆师: 没问题，您有没有喜欢的颜色？

Méiwèntí, nín yǒuméiyǒu xǐhuan de yánsè?

新　娘: 我喜欢浅粉红色，但不喜欢深粉色。

Wǒ xǐhuan qiǎnfěnhóngsè, dàn bù xǐhuan shēnfěnsè.

化妆师: 那么，这样吧，整体上是自然的妆容进行，眼影和口红要浅粉色。

Nàme, zhèyàng ba, zhěngtǐ shàng shì zìrán de zhuāngróng jìnxíng, yǎnyǐng hé kǒuhóng yào qiǎnfěnsè.

新　娘: 好，听起来很不错。请漂亮点。

Hǎo, tīngqilai hěn búcuò. Qǐng piàoliang diǎn.

③ 통역 연습 翻译

직원: 안녕하세요. 저는 메이크업 아티스트입니다. 오늘 제가 신부화장을 해드릴게요.

신부: 안녕하세요.

직원: 오늘 예식이 몇 시에 시작이죠?

신부: 저녁 5시입니다.

직원: 좋습니다. 그럼 우리 서둘러서 시작해요. 좋아하는 메이크업 스타일이 있나요?

신부: 사실 제가 한 번도 화장을 해본 적이 없어서 익숙하지 않네요. 메이크업을 꼭 해야 할까요?

직원: 그건 손님의 취향에 따라 결정하는 거죠. 보통 신부는 화장을 해야 더 예쁘구요. 만일 손님께서 원하신다면 내추럴한 스타일로 해드릴 수 있어요.

신부: 좋아요. 기왕 이렇게 시작했으니 눈을 더 크게 보이게 해주세요.

직원: 문제 없습니다. 좋아하는 색상이 있으신가요?

신부: 연한 핑크를 좋아해요. 그런데 진한 핑크는 별로 좋아하지 않아요.

직원: 그럼 이렇게 하지요. 전체적으로 내추럴한 메이크업으로 진행하고요, 아이섀도나 립스틱은 연한 핑크로 할게요.

신부: 네, 들어보니 괜찮겠어요. 예쁘게 부탁해요.

❹ 어휘해설 词汇说明

新娘

중국어로 결혼식은 婚礼 hūnlǐ 라고 한다. 중국의 결혼식에는 경사스러운 날 기쁨을 표현하기 위해 喜를 겹쳐 놓은 双喜(囍)를 사용한다. 특히 붉은색 바탕의 囍는 喜糖, 喜酒, 喜烟과 같은 혼례필수품에서 자주 보인다. 糖은 사탕, 酒는 술, 烟은 담배인데, 喜라는 글자를 붙여 경사스러운 뜻을 담은 것이다. 시탕과 시지우, 그리고 시엔은 신랑 新郎과 신부 新娘가 멀리서 찾아온 하객에게 감사의 의미로 연회 때 직접 대접한다.

化妆

한류의 영향으로 한국 화장품化妆品에 대한 인기가 높아졌다. 한국을 방문하는 중국인들이 설화수 雪花秀 Xuěhuāxiù, 미샤 迷尚 Míshàng, 더페이스샵 菲诗小铺 Fēishīxiǎopù, 스킨푸드 思亲肤 Sīqīnfū 등 국내 화장품을 대량 구매하는 모습을 자주 볼 수 있다.

5 어법 설명 语法

其实我从来没有化妆过

从来는 부사로 '지금까지', '여태껏'. '이제까지'라는 뜻이다. 주로 부정형에 사용된다. 비슷한 뜻으로 向来, 历来가 있는데, 대체로 긍정형에 사용된다.

예 我从来不吃肉。 我从来没来过这儿。

我得要化妆吗？

得는 여러 발음을 가진 글자이다. 본문에서는 děi로 읽고 조동사 '~해야 한다'는 뜻으로 의무나 필요성을 나타낸다. 부정형은 '不用'으로 '~할 필요가 없다'를 사용한다.

예 你得学习韩语。 你不用再吃。

6 단어 쓰기 연습

化妆师 huàzhuāngshī				
新娘 xīnniáng				
婚礼 hūnlǐ				
根据 gēnjù				
眼睛 yǎnjīng				
整体 zhěngtǐ				
颜色 yánsè				
满意 mǎnyì				
口红 kǒuhóng				
风格 fēnggé				

단어를 자유롭게 연습해 보세요.

7 작문 연습

다음 문장을 중국어로 작문해보세요.

1. 저는 메이크업 아티스트입니다.

⇨

2. 좋아하는 메이크업 스타일이 있나요?

⇨

3. 만일 손님께서 원하신다면 내추럴한 스타일로 해드릴 수 있어요.

⇨

4. 아이섀도나 립스틱은 연한 핑크로 할게요.

⇨

5. 오늘 예식이 몇 시에 시작이죠?

⇨

8 번역 연습

다음 문장을 한국어로 번역해보세요.

1. 我是化妆师。

⇨

2. 今天我要给您做新娘化妆。

⇨

3. 一般新娘来说，化下妆看起来更加漂亮。

⇨

4. 既然这样开始，就让我的眼睛看起来大一点吧。

⇨

5. 那么，这样吧，整体上是自然的妆容进行，眼影和口红要浅粉色。

⇨

9 실전 연습

다음 단어를 조합하여 완성된 문장을 만드세요.

1. 我 新娘 给您 今天 做 要 化妆

⇨

2. 自然 做 可以 给您 我 风格

⇨

3. 颜色？ 有没有 喜欢 的 您

⇨

다음 문장을 순서대로 배열해보세요.

A: 就让我的眼睛

B: 既然这样开始

C: 看起来大一点吧

⇨

⑩ GCD: Get up! Cheer up! Dream up!

메이크업과 관련된 용어와 색깔을 찾아 적어보세요.

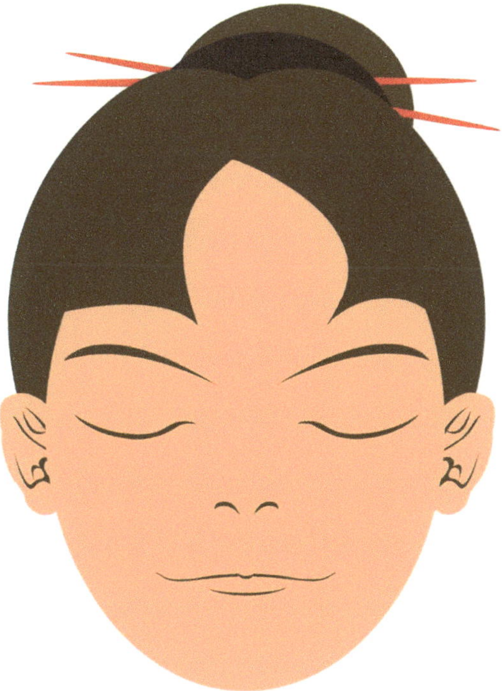

카지노

你要怎样下注?

어떻게 베팅하시겠습니까?

12

12 你要怎样下注？

어떻게 베팅하시겠습니까?

1 새단어 生词

1. 发牌员	fāpáiyuán	딜러
2. 玩	wán	게임하다, 놀다
3. 百家乐	Bǎijiālè	바카라
4. 换	huàn	바꾸다
5. 下注	xià zhù	베팅하다
6. 必须	bìxū	반드시~해야 한다
7. 自己	zìjǐ	스스로
8. 赶快	gǎnkuài	재빨리
9. 开始	kāishǐ	시작하다

10. 大家 dàjiā 모두

11. 闲家 xiánjiā 플레이어

12. 庄家 zhuāngjiā 뱅커

13. 庄赢 zhuāngyíng 뱅커 승

14. 哎呀 āiyā 아쉬움이나 불만을 나타내는 감탄사

15. 输 shū 지다

② 회화 会话

发牌员: 先生，您要玩百家乐吗?

Xiānsheng, nín yào wán Bǎijiālè ma?

客　人: 是的。换100万吧。

Shì de. Huàn yìbǎiwàn ba.

发牌员: 请您拿好，不过您必须要自己下注。

Qǐng nín ná hǎo, búguò nín bìxū yào zìjǐ xiàzhù.

客　人: 明白了。就在这里下注吗?

Míngbái le. Jiù zài zhèli xià zhù ma?

发牌员: 没错。

Méi cuò.

客　人: 好好，赶快开始吧!

Hǎohǎo, gǎnkuài kāishǐ ba!

发牌员: 请大家开始下注。

Qǐng dàjiā kāishǐ xià zhù.

庄家是8，闲家是2，庄赢了。

Zhuāngjiā shì 8, xiánjiā shì 2, zhuāngyíng le.

客 人: 哎呀，我输了。

Āiyā, Wǒ shū le.

3 통역 연습 翻译

딜러: 손님, 바카라 플레이 하시겠습니까?

손님: 네, 100만원 체인지 해주세요.

딜러: 여기 있습니다. 그런데 손님께서 직접 베팅해주셔야 해요.

손님: 알겠습니다. 여기에 베팅하는 거죠?

딜러: 맞습니다.

손님: 좋아요, 빨리 시작합시다!

딜러: 모두 베팅해주십시오.

뱅커 8, 딜러 2, 뱅커 윈!

손님: 아이고, 졌네!

❹ 어휘해설 词汇说明

百家乐

바카라百家乐는 카지노 게임의 왕이라고 불린다. 어느 한쪽을 택하여 9 이하의 높은 점수로 승부하는 카드 게임이다. 바카라는 중국인들이 가장 즐기는 게임 가운데 하나이다. 카지노는 卡西诺赌场 혹은 娱乐场이라고 한다. 국내에는 세븐럭카지노 七乐娱乐场와 강원랜드 카지노 江原乐园娱乐场 등이 있다.

哎呀

哎呀는 놀라움, 원망, 불만, 아쉬움 등을 나타내는 감탄사이다. 이외에도 嗯, 啊, 哎咳, 嗯, 哦, 噢, 哟 등의 감탄사가 다양한 발음으로, 각기 감탄의 뜻을 가지고 있다. 실제 대화에서 자주 사용하는 감탄사로는 天啊!, 天哪!(세상에), 哇塞!(우와) 등이 있다.

5 어법 설명 语法

请您拿好

'拿好'에서 '好'는 동작을 나타내는 동사 '拿'의 결과를 나타내는 결과보어이다. 결과보어 '好'는 '동작의 완성'을 나타낸다. 자주 사용하는 결과보어로는 동작의 완성을 뜻하는 完과 목적을 달성했거나 장소, 시간에 도달했음을 뜻하는 到가 있다.

예 修好了。 喝完了。 买到了。

赶快开始吧!

어기조사 吧는 문장 끝에 쓰여 권유나 제안을 나타내며 '~하자', '~하세요' 등으로 해석할 수 있다. 의문문에 쓰인 경우 확인을 포함한 질문 '~이지요?'라는 의미로 해석할 수 있다.

예 还是换房间吧。

6 단어 쓰기 연습

发牌员 fāpáiyuán				
换 huàn				
下注 xiàzhù				
必须 bìxū				
明白 míngbái				
赶快 gǎnkuài				
输 shū				
开始 kāishǐ				
庄家 zhuāngjiā				
闲家 xiánjiā				

단어를 자유롭게 연습해 보세요.

7 작문 연습

다음 문장을 중국어로 작문해보세요.

1. 100만원 체인지 해주세요.

⇨

2. 빨리 시작합시다!

⇨

3. 여기에 베팅하는 거죠?

⇨

4. 여기 있습니다.

⇨

5. 손님, 바카라 플레이 하시겠습니까?

⇨

8 번역 연습

다음 문장을 한국어로 번역해보세요.

1. 先生，您要玩百家乐吗?

⇨

2. 明白了。

⇨

3. 哎呀，我输了。

⇨

4. 庄家是8，闲家是2，庄赢了。

⇨

5. 好好，赶快开始吧!

⇨

9 실전 연습

다음 단어를 조합하여 완성된 문장을 만드세요.

1. 百家乐 要 您 玩 吗?

⇨

2. 赶快 吧 开始

⇨

3. 自己 必须 不过 要 下注 您

⇨

다음 문장을 순서대로 배열해보세요.

A: 自己下注

B: 不过您

C: 必须要

⇨

⑩ GCD: Get up! Cheer up! Dream up!

- 국내 카지노의 현황을 조사해봅시다. (지역/내국인 출입여부/ 주요 특징 등을 포함해보세요.)

복습 실력다지기

13

13 복습 실력다지기

1 复习 fùxí 복습

한국어를 중국어로 작문하고, 그 대답을 중국어로 쓰시오.

1. 가이드님 오늘 우리는 어디를 가나요?

⇨

⇨

2. 왕군, 이번 주 토요일 저녁에 시간있나요?

⇨

⇨

3. 무슨 영화를 보고 싶은데요?

⇨

⇨

4. 저는 평소에 다음, 네이버, 구글 등을 사용해요. 당신은요?

⇨

⇨

5. 저희 병원을 어떻게 알고 오신 거지요?

⇨

⇨

6. 오늘 예식이 몇 시에 시작이죠?

⇨

⇨

7. 좋아하는 메이크업 스타일이 있나요?

⇨

⇨

8. 좋아하는 색상이 있으신가요?

⇨

⇨

9. 손님, 바카라 플레이 하시겠습니까?

⇨

⇨

10. 여기에 베팅하는 거죠?

⇨

⇨

저자약력

한국호텔관광교육재단
Korea Hotel & Tourism Education Foundation
한국호텔관광교육재단 교재편찬위원회

■ 이현주

순천향대학교 관광경영학 박사
現) 한국호텔관광전문학교 호텔경영과 교수
중국 Golden Elephant Hotel, CHINA 객실팀
한화투어몰(現 세중투어몰) 중국팀 근무
순천향대학교, 남서울대학교, 한양사이버대학교 등 다수 대학 강의
NCS 학습모듈 호텔숙박분야 개발위원
NCS 학습모듈 이벤트기획 개선사업 검토진
한국관광공사 우수호텔아카데미 책임교수
한국산업인력공단 MICE 청년 맞춤형 훈련사업 책임교수

한국호텔관광전문학교 GCD교육 연구개발센터 연구원

저서 『NCS 기반 호텔실무 중국어회화』 공저

■ 김숙향

중국 상하이 푸단대학교 박사
現) 고려대학교 교양교육원 외래교수
한국호텔관광전문학교 외래교수
가천대학교 동양어문학과 외래교수

한국호텔관광전문학교 GCD교육 연구개발센터 연구원

저서 『NCS 기반 호텔실무 중국어회화』 공저

■ 최윤서

성균관대학교 중국어교육 석사
現) 한국호텔관광전문학교 외래교수
아세아항공전문학교 외래교수
국립국악고등학교 교과전담 강사
삼성디스플레이 중국어 강사
CJ올리브네트웍스 중국어 강사

한국호텔관광전문학교 GCD교육 연구개발센터 연구원

저서 『NCS 기반 호텔실무 중국어회화』 공저

저자와의
합의하에
인지첩부
생략

관광중국어 Ⅱ

2021년 1월 15일 초판 1쇄 인쇄
2021년 1월 20일 초판 1쇄 발행

지은이 이현주 · 김숙향 · 최윤서
펴낸이 진욱상
펴낸곳 (주)백산출판사
교 정 박시내
본문디자인 오행복
표지디자인 오정은

등 록 2017년 5월 29일 제406-2017-000058호
주 소 경기도 파주시 회동길 370(백산빌딩 3층)
전 화 02-914-1621(代)
팩 스 031-955-9911
이메일 edit@ibaeksan.kr
홈페이지 www.ibaeksan.kr

ISBN 979-11-6567-148-8 93720
값 15,000원